FRLANT 145 (1987). – Ders., כבד *kbd* schwer sein: THAT 1 ⁽⁴¹⁰⁰ ⁾
812. – Ders., Rez. von WAMBeuken, Haggai – S⁓⁻¹
ThLZ 94 (1969) 424–426. – **KWWeyde**, Pro
Authority, Form Problems, and the Use of 1
chi: BZAW 288 (2000). – **JMWiebe**, Esther 4.
AWiener, The Prophet Elijah in the Deve
JWiesehöfer, Das antike Persien. Von 550 v
SAWiggins, Yahweh: The God of Sun?: JSO' ᵕᵘ⁻¹ᵘᵘ. – **BWik-**
lander, זעם *zāʿam*: ThWAT 2 (1977) 621–626. – **HWildberger**, Jahwes Ei-
gentumsvolk. Eine Studie zur Traditionsgeschichte und Theologie des Er-
wählungsgedankens: AThANT 37 (1960). – Ders., Jesaja. 1. Teilband: Jesaja
1–12: BK X/1 (1972. ²1980). – Ders., Jesaja. 2. Teilband: Jesaja 13–27: BK
X/2 (1978. ³2003). – Ders., Jesaja. 3. Teilband: Jesaja 28–39: BK X/3 (1982).
– Ders., סְגֻלָּה *sᵉgullā* Eigentum: THAT 2 (³1984) 142–144. – **DWildung**, Flügelsonne: LÄ 2 (1977) 277–279. – **TWilli**, Chronik: BK XXIV, Lfg. 1 (1991).
– Ders., Juda – Jehud – Israel. Studien zum Selbstverständnis des Judentums
in persischer Zeit: FAT 12 (1995). – Ders., Leviten, Priester und Kult in vor-
hellenistischer Zeit. Die chronistische Optik in ihrem geschichtlichen Kon-
text: BEgo u.a. (Hg.), Gemeinde ohne Tempel: WUNT 118 (1999) 75–98. –
Ders., »Wie geschrieben steht« – Schriftbezug und Schrift. Überlegungen zur
frühjüdischen Literaturwerdung im perserzeitlichen Kontext: RGKratz
(Hg.), Religion und Religionskontakte im Zeitalter der Achämeniden:
VWGTh 22 (2002) 257–277. – Ders., Serubbabel: TRE 31 (2000) 171–173. –
DTWilliams, The windows of heaven: OTEs NS 5 (1992) 402–413. –
HGMWilliamson, Ezra, Nehemiah: WBC 16 (1985). – Ders., The Gover-
nors of Judah under the Persians: TynB 39 (1988) 59–82. – Ders., Palestine,
Administration of: Persian Administration: ABD 5 (1992) 81–86. – **IWilli-**
Plein, Opfer und Kult im alttestamentlichen Israel: SBS 153 (1993). – Dies.,
Opfer und Ritus im kultischen Lebenszusammenhang: BJanowski/MWelker
(Hg.), Opfer: stw 1454 (2000) 150–177. – Dies., Spuren der Unterscheidung
von mündlichem und schriftlichem Wort im Alten Testament: GSellin/
FVouga (Hg.), Logos und Buchstabe. Mündlichkeit und Schriftlichkeit
im Judentum und Christentum der Antike: TANZ 20 (1997) 77–89. –
Dies., Warum mußte der Zweite Tempel gebaut werden?: BEgo u.a. (Hg.),
Gemeinde ohne Tempel: WUNT 118 (1999) 57–73. – Dies., Das Zwölfprophetenbuch ThR 64 (1999) 351–395. – **BEWilloughby**: DBFreed-
man/BEWilloughby, נאף *nāʾap*: ThWAT 5 (1986) 123–129. – Ders.: DB
Freedman/BEWilloughby/H-JFabry, מלאך *malʾāk*: ThWAT 4 (1984) 887–
904 . – Ders.: DBFreedman/BEWilloughby/H-JFabry, נשא *nāśāʾ*: ThWAT 5
(1986) 626–643. – **HWinckler**, Maleachi: Altorientalische Forschungen
2,3 (1901) 531–539. – **REWolfe**, The Editing of the Book of the Twelve:
ZAW 53 (1935) 90–129. – **HWWolff**, Anthropologie des Alten Testaments
(⁴1984). – Ders., Generationenprobleme im Alten Testament: HdJb 17
(1973) 1–11. – Ders., Das Thema »Umkehr« in der alttestamentlichen Prophetie (1951): TB 22 (1964) 130–150. – Ders., »Wissen um Gott« bei Hosea
als Urform von Theologie (1953): TB 22 (1964) 182–205. – Ders., Das Zitat
im Prophetenspruch (1937): TB 22 (1964) 36–129. – **HPWolmarans**, Wat sê
Maleagi van egskeiding?: HTS 22 (1966) 46f. – **ASvanderWoude**, Der Engel des Bundes. Bemerkungen zu Maleachi 3,1c und seinem Kontext: JJere-
mias/LPerlitt (Hg.), Die Botschaft und die Boten. FS HWWolff (1981) 289–
300. – Ders., חזק *ḥzq* fest sein: THAT 1 (⁴1984) 538–541. – Ders., Malachi's

481

Struggle for a Pure Community. Reflections on Malachi 2:10–16: JWHenten (Hg.), Tradition and re-interpretation in Jewish and early Christian literature. FS JCHLebram: StPB 36 (1986) 65–71. – Ders., פָּנִים *pānīm* Angesicht: THAT 2 ([3]1984) 432–460. – Ders., צָבָא *ṣābā'* Heer: THAT 2 ([3]1984) 498–507. – Ders., שֵׁם *šēm* Name: THAT 2 ([3]1984) 935–963. – Ders., Serubbabel und die messianischen Erwartungen des Propheten Sacharja: ZAW 100 (Suppl.; 1988) 138–156. – Ders., Seid nicht wie eure Väter! Bemerkungen zu Sacharja 1 5 und seinem Kontext: JAEmerton (ed.), Prophecy. FS GFohrer: BZAW 150 (1980) 163–173. – **CJHWright**, Family: ABD 2 (1992) 761–769. – **EWürthwein**, Die Bücher der Könige I/II: ATD 11/1.2 ([2]1985. 1984).

EMYamauchi, Cultural Aspects of Marriage in the Ancient World: BS 135 (1978) 241–252. – Ders., Persia and the Bible (1990). – **RYaron**, On Divorce in Old Testament Times: RIDA 4 (1957) 117–128. – Ders., Zu babylonischen Eherechten: ZSRG.R 109 (1992) 51–99. – Ders., Introduction to the Law of the Aramaic Papyri (1961). – Ders., Aramaic Marriage Contracts: Corrigenda et Addenda: JSSt 5 (1960) 66–70. – Ders., Aramaic Marriage Contracts from Elephantine: JSSt 3 (1958) 1–39. – **K-SYu**, Die Entstehungsgeschichte des ›Dodekapropheton‹ und sein Kanonisierungsprozeß: Diss. München (2000).

YZakovitch, The Woman's Rights in the Biblical Law of Divorce: The Jewish Law Annual 4 (1981) 28–46. – **JZangenberg**, ΣΑΜΑΡΕΙΑ. Antike Quellen zur Geschichte und Kultur der Samaritaner in deutscher Übersetzung: TANZ 15 (1994). – **BMZapff**, Priester: NBL 3 (2001) 165–167. – Ders., Schriftgelehrte Prophetie – Jes 13 und die Komposition des Jesajabuches: fzb 74 (1995). – **FZayadine** u.a., Das Königreich der Nabatäer: Der Königsweg (1987) 180–249. – Ders. u.a., Die Zeit der Königreiche Edom, Moab und Ammon. 12.–6. Jahrhundert v.Chr.: Der Königsweg (1987) 117–169. – **MZehnder**, A Fresh Look at Malachi II 13–16: VT 53 (2003) 224–259. – **DZeller**, Elija und Elischa im Frühjudentum: BiKi 41 (1986) 154–160. – **EZenger**, Herrschaft Gottes/Reich Gottes. II. Altes Testament: TRE 15 (1986) 176–189. – Ders., Israels Suche nach einem neuen Selbstverständnis zu Beginn der Perserzeit: BiKi 39 (1984) 123–135. – Ders., Mose/Moselied/Mosesegen/Moseschriften I. Altes Testament: TRE 23 (1994) 330–341. – Ders. u.a., Einleitung in das Alte Testament: KStTh 1,1 (1995. [3]1998. [5]2004). – Ders.: F-LHossfeld/EZenger, Psalmen 51–100: HThK.AT (2000). – **AZeron**, Einige Bemerkungen zu M.F. Collins »The Hidden Vessels in Samaritan Tradition«: JSJ 4 (1973) 165–168. – **BZiemer**, Abram – Abraham. Kompositionsgeschichtliche Untersuchungen zu Genesis 14, 15 und 17: BZAW 350 (2005). – **WZimmerli**, Die Eigenart der prophetischen Rede des Ezechiel (1954): TB 19 (1963. [2]1965) 148–177. – Ders., Erkenntnis Gottes nach dem Buche Ezechiel (1954): TB 19 (1963. [2]1965) 41–119. – Ders., Erstgeborene und Leviten: TB 51 (1974) 235–246. – Ders., Ezechiel: BK XIII/1.2 (1969. [2]1979). – **JZimmermann**, Messianische Texte aus Qumran. Königliche, priesterliche und prophetische Messiasvorstellungen in den Schriftfunden von Qumran: WUNT 104 (1998). – **HZlotnick-Sivan**, The Silent Women of Yehud: Notes on Ezra 9–10: JJS 51 (2000) 3–18. – **H-JZobel**, יְהוּדָה *jᵉhûḏāh*: ThWAT 3 (1982) 512–533. – Ders., יַעֲקֹ(וֹ)ב *ja'ᵃqo(ô)ḇ*: ThWAT 3 (1982) 752–777. – Ders., יִשְׂרָאֵל *jiśrā'el*: ThWAT 3 (1982) 986–1012. – Ders., מָטָר *māṭār*: ThWAT 4 (1984) 827–842. – Ders., עָקֵב *'qb*: ThWAT 6

(1989) 338–343. – Ders., Das Recht der Witwen und Waisen: PMommer u.a. (Hg.), Gottes Recht als Lebensraum. FS HJBoecker (1993) 33–38. – Ders., צְבָאוֹת *ṣᵉḇāʾôṯ*: ThWAT 6 (1989) 876–892. – **KZobel**, Prophetie und Deuteronomium: BZAW 199 (1992). – **EbenZvi**, Twelve Prophetic Books or ›The Twelve‹: JWWatts/PRHouse (ed.), Forming Prophetic Literature. FS JDW Watts: JSOT.S 235 (1996) 125–156. – **WZwickel**, Räucherkult und Räuchergeräte: OBO 97 (1990). – Ders., Tempel: NBL 3 (2001) 799–810. – Ders., Der salomonische Tempel: Kulturgeschichte der antiken Welt 83 (1999). – Ders., Der Tempelkult in Kanaan und Israel: FAT 10 (1994). – Ders., Die Tempelquelle Ezechiel 47: EvTh 55 (1995) 140–154.

Register
ausgewählter Begriffe, Namen, Sachen

Kursive Seitenzahlen verweisen auf wesensmäßige
oder exkursartige Ausführungen

Korrekturen zu den Lieferungen 1–3

S. 1, Z.25	TCollins (statt TJCollins)
S. 2, Z.9	HBiS (statt HBS)
S. 10, Z.7f. v.u.	(הנביא ביד חגי הנביא statt) ביד חגי הנביא
S. 19, Z.1	DFMurray (statt JDFMurray)
S. 19, Z.13	Bezeichnungen (statt Bezeichnung)
S. 19, Z.19 v.u.	Psalmenforschung (statt Psalmenforschnung)
S. 20, Z.17 v.u.	I–IX (statt X)
S. 21, Z.1 v.u.	ליעקב (statt עקב)
S. 34, Z.6 v.u.	Darius' I. (statt Darius' II.)
S. 49, Z.3 v.u.	Asarhad- (statt Assarhad-)
S. 53, Z.6f.	גבול ישראל (statt umgekehrt)
S. 60, Z.16f.	Fragen und Suchen (statt Suchen und Fragen)
S. 60, Z.11 v.u.	LRost (statt KGalling) mit entsprechender alphabetischer Einordnung
S. 61, Z.11	175 [1994] (statt 175 [1993])
S. 61, Z.23	TARudnig (statt TARudnik)
S. 61, Z.28	Background (statt Backgrounds)
S. 62, Z.10 v.u.	Achaemenid (statt Achemenid)
S. 63, Z.6	SBL.DS (statt SBL.MS)
S. 63, Z.26–28	DLPetersen, The Temple ... vor LPetit, L'évolution ...
S. 63, Z.12 v.u.	Achämenidenzeit (statt Achämidenzeit)
S. 64, Z.10 v.u.	**Indem** (fett)
S. 68, Z.16 v.u.	**c** (vor זאת)
S. 68. Z.7 v.u.	**10a–a** (fett)
S. 77, Z.10 v.u.	Abgrenzungen (statt Abzugrenzungen)
S.101, Z.6	(הכבוד מלך הכבוד statt) מלך הכבוד
S.111, Z.1 v.u.	ALemaire (statt Alemaire) und 11– (statt 12–)
S.112, Z.8	6 (2003) (statt 2 [2002]) 35–59
S.112, Z.22	103 (nicht fett)
S.123, Z.5	117 (statt 116f.)
S.130, Z.12 v.u.	125f. (statt 125)
S.141, Z.3	151f. (statt 151)
S.145, Z.6 v.u.	162 (statt 162f.)
S.148, Z.9	106 (statt 106f)
S.149, Z.2	155 (statt 155f.)
S.151, Z.3 v.u.	101f. (statt 100f.)
S.156, Z.5 und 11	JSHRZ (statt JHSRZ)
S.158, Z.5	86f. (nicht fett)
S.160, Z.6	3,1.23f. (statt 3,1b.23f.)
S.168, Z.9 v.u.	DCHall, (statt DCHall.)
S.169, Z.16 v.u.	Altorientalische (statt Alttestamentliche)
S.173, Z.17	on (statt of [Restoration])
S.175, Z.24	AncB (statt AB)
S.176, Z.6	AncB (statt AB)
S.177, Z.12	AncB (statt AB)
S.181, Z.12f. v.u.	(לנו וישאר רוח statt) לנו רוח וישאר
S.210, Z.11	V.11–13 (statt V.11-13) und Anlehnung (statt Anlehung)

Korrekturen

S.235, Z.23f.	TCollins (statt TJCollins)
S.236, Kopfzeile	Maleachi 2,17–3,5 (statt Maleachi 2,10–16)
S.236, Z.9 v.u.	HDPreuß, (statt Komma klein und über die Zeile gestellt)
S.239, Z.12	Zebaot (statt Zebaoth)
S.240, Z.8 v.u.	ו *copulativum* (statt ו-*copulativum*)
S.240, Z.24 v.u.	k–k) (statt i–i)

500

Arndt Meinhold · Maleachi

Biblischer Kommentar
Altes Testament

Begründet von
Martin Noth †

Herausgegeben von
Siegfried Herrmann †, Arndt Meinhold, Werner H. Schmidt,
Winfried Thiel und Hans Walter Wolff †

Band XIV/8
Arndt Meinhold
Maleachi

Neukirchener Verlag

Arndt Meinhold

Maleachi

2006

Neukirchener Verlag

© 2006
Neukirchener Verlag
Verlagsgesellschaft des Erziehungsvereins mbH
Neukirchen-Vluyn
Alle Rechte vorbehalten
Umschlag- und Einbandgestaltung: Kurt Wolff, Düsseldorf
Satz: Breklumer Print-Service
Druck und Bindung: Fuck Druck
Printed in Germany
ISBN 10: 3–7887–2198–7
ISBN 13: 978-3–7887–2198–5

Die Lieferungen dieses Band erschienen:
2000 Lfg. XIV/8,1 (S.   1– 80)
2002 Lfg. XIV/8,2 (S.   81–160)
2003 Lfg. XIV/8,3 (S. 161–240)
2006 Lfg. XIV/8,4 (S. 241–320)
2006 Lfg. XIV/8,5 (S. 321–400)
2006 Lfg. XIV/8,6 (S. 401–480)
2006 Lfg. XIV/8,7 (S. 481–500, I–XXVIII)

Bibliographische Information der Deutschen Nationalbibliothek

Die Deutsche Nationalbibliothek verzeichnet diese Publikation in der Deutschen Nationalbibliographie; detaillierte bibliographische Daten sind im Internet über http://dnb.d-nb.de abrufbar.

Vorwort

Man weiß niemals vorher, wie ein Engel aussieht.
Adele Buber

Veranlaßt durch die Möglichkeit, fast über die gesamte akademische Wirkungszeit mit der Maleachi-Schrift befaßt sein und sie im Biblischen Kommentar auslegen zu können, teile ich die voranstehende Einsicht der Großmutter von Martin Buber (Werke. II. Schriften zur Bibel, 1180).

Dankbarkeit ist nach vielen Seiten hin zu bekunden. Genannt sein sollen: die Urheber der Maleachi-Schrift und die Mitwirkenden an ihrer Erforschung sowie der des Dodekapropheton, mein verstorbener Lehrer Siegfried Wagner, Studierende in Naumburg, Berlin und Halle, die unmittelbaren Fachkollegen Ulrich Schröter und Rüdiger Lux in Naumburg sowie Ernst-Joachim Waschke in Halle, aus der wissenschaftlichen Mitarbeiter- bzw. Schülerschaft Thomas Neumann, Dr. Johannes Thon, Dr. Benjamin Ziemer, Jutta Noetzel, Marianne Schröter und Dr. Paul-Gerhard Schwesig, von den studentischen Hilfskräften Klemens Niemann und Janett Künzel, das Land Sachsen-Anhalt und die Martin-Luther-Universität Halle-Wittenberg für Arbeitsmöglichkeiten und Forschungssemester, (Mit-)Herausgeber- und Kommentatorenschaft des Biblischen Kommentars – unvergessen Hans Walter Wolff, der mir bei der Übergabe der Kommentierung 1991 seine eigenen handschriftlichen Vorarbeiten zu Maleachi und Alexander von Bulmerincqs Kommentar überließ sowie von seinem Arbeitszimmer aus den Friedhof zeigte, auf dem er beerdigt zu werden wünschte und den er dann im Regen mit uns beschritt –, der Neukirchener Verlag, seine Mitarbeiterschaft und besonders Verlagsleiter Dr. Volker Hampel für seine hingebungsvolle Lektorierung mit ungezählten Vorschlägen.

Halle und Naumburg an der Saale,
im Februar 2006
Arndt Meinhold

Inhalt

Inhalt

Einleitung

1. Maleachi als Name und Bezeichnung für »Mein Bote«- bzw. ›Meine Boten‹-Schrift

Lange Zeit galt »Maleachi« für einen Personeneigennamen als schwerlich möglich. Außerdem gab es bis zum Fund eines Vorratskrughenkels aus dem 7. Jh. v.Chr. mit der eingeritzten Eigentumsbezeichnung מלאכי *malʾākî* in Arad (Ostrakon 97) keinen außerbiblischen Beleg. Wegen der Bruchkanten ist allerdings nicht eindeutig, ob die Namenskurzform (מלאכי *malʾākî*) oder die Langform (מלאכיה *malʾākijjâ*) gestanden hat. Als Vertrauensname kann »Maleachi« durchaus »Mein (schützender) Engel (ist JHWH)« bedeuten. Wie die Überschriftgestaltung in Mal 1,1 zeigt, ist damit eine Prophetengestalt *gemeint.* Ob es eine solche Gestalt dieses Namens allerdings tatsächlich gegeben hat, entzieht sich aufgrund mangelnder Belege gesicherter Kenntnis. Anderwärts in Überschriften bzw. Einleitungen von Prophetenbüchern und -schriften vorkommende Angaben zu Zeit und Ort, Herkunft oder Näherbestimmung einer Prophetengestalt, selbst die Erwähnung des Vaternamens, fehlen zudem hier. Darüber hinaus unterbleibt in Maleachi jede Ich-Rede des Propheten; nur in das Wir von 2,10 scheint er inbegriffen zu sein (s.u. S.198–201).

»Maleachi« als Teil der Überschrift stellt eine meisterhafte, redaktionell-theologische Wahl dar, denn mit der gleichfalls möglichen Bedeutung »Mein (d.h. JHWHs) Bote« (*G*: ἀγγέλου αὐτοῦ [»seines Engels«]) vermag der Name alle fünf Botengestalten, die sich meist in Zusätzen zur Grundschrift (s.u. S.XVI) finden, in die symbolträchtige Bezeichnung »Mein Bote«- bzw. ›Meine Boten‹-Schrift zu integrieren. Dabei scheint es erstens um die Näherbestimmung des einen ursprünglichen מלאכי-Vorkommens in 3,1a (»meinen Boten«) zu gehen, und zwar zweitens als (himmlischen) Bundesboten zwecks Läuterung der levitischen Priesterschaft für Opferkultfunktionen im Eschaton (3,1b.2.3f.), drittens als (irdischen) levitischen Priester mit Wortvermittlungsaufgaben (2,7), viertens als im Himmel zur Verfügung stehenden und zu sendenden Propheten Elia mit sozial-religiöser Ausgleichsfunktion vor dem Anbruch der Endzeit (3,23f.) und fünftens als intendierte reale, symbolisch benannte Prophetengestalt (1,1). Insgesamt ergibt das eine Angleichung von irdischen und himmlischen Gestalten, prophetischen und priesterlichen Funktionen sowie der Begriffe מלאך (»Bote/Engel«) und נביא (»Prophet«). Von daher markiert Maleachi konzeptionell das Ende der Prophetie in Israel, als deren masoretischer Abschluß die Prophetenschrift »Mein Bote« / ›Meine Boten‹ auch erscheint (s.u. S.15f.417f.420).

2. Letzte Schrift im Zwölfprophetenbuch und im masoretischen Prophetenkanon

Das Dodekapropheton besitzt keine eigene Überschrift. Deshalb kann gefragt werden, ob überhaupt ein ›Buch‹ oder lediglich eine Sammlung einzelner Prophetenschriften oder vielleicht auch beides vorliegt (vgl. neuerlich auch MBeck, Dodekapropheton, 16–18). Daß die sogenannten kleinen Prophetenschriften jedoch zusammengehören sollen, geben bereits die ältesten Handschriftenfunde des Dodekapropheton in Qumran (4QXII^{a–g}; etwa zwischen 150 und 25 v.Chr.) und im Wadi Murabbaʿât (Mur 88; etwa zwischen 50 und 100 n.Chr.) dadurch zu erkennen, daß sie jeweils auf eine einzige Rolle geschrieben wurden, und zwar – bis auf 4QXII^a (DJD XV, 221–232 und Tafeln XL–XLII) – in masoretischer Anordnung (s.u. S.3f.). Die Überschriften bzw. Einleitungen der Einzelschriften gewähren Einblicke in angenommene Wachstumsstadien des Zwölfprophetenbuchs, die Gegenstand intensiver und kontrovers geführter Spezialforschung sind (vgl. den Überblick bei MBeck, Tag, 1–23). Am Ende des Dodekapropheton stehen mit Haggai, Sacharia, Maleachi die drei Prophetenschriften, die durch das besonders genau wirkende sekundäre Datierungssystem von Haggai und Protosacharja der achämenidischen Epoche zugezählt wurden. Zwar ist an diesem System Maleachi nicht beteiligt, doch legen drei Merkmale seiner Überschrift den Einbezug nahe. Zum einen gebraucht Hag 1,13 überhaupt das einzige Mal den Terminus מלאך יהוה (»der Bote JHWHs«) für einen namentlich genannten Propheten und umrahmt somit zusammen mit Mal 1,1 die Vielzahl der מלאך-Vorkommen in Sach 1,7–6,15. Zum anderen ist der Gebrauch von ביד (»durch«) in Verbindung mit einer Prophetengestalt oder deren Mehrzahl bzw. Gesamtheit für Haggai, Protosacharja und Maleachi besonders signifikant und kann über Hos 12,11 auch als Brückenschlag hin zur Prophetenschrift, die das Dodekapropheton beginnt, verstanden werden (s.u. S.8). Schließlich weist Mal 1,1 die Doppelung der beiden Gattungsbegriffe משא (»Ausspruch«) und דבר־יהוה (»das Wort JHWHs«) auf, die auch in Sach 9,1 und 12,1 in derselben Reihenfolge begegnen. Jedoch zeichnet sich die Mal-Überschrift dadurch als einmalig aus, daß allein sie die beiden Gattungsbegriffe mit der für eine *Überschrift* von Prophetenbuch oder -schrift konstitutiven namentlichen Nennung einer intendierten Prophetengestalt verbindet. Da das in Sach 9,1; 12,1 nicht der Fall ist, erweist sich die wiederholt vertretene Ansicht als gegenstandslos, Maleachi sei lediglich einer von drei Anhängen an Protosacharja, der nachträglich wegen der Zwölfzahl des Dodekapropheton verselbständigt worden sei (vgl. u. S.9). Maleachi stellt vielmehr von Anfang an eine eigenständige Prophetenschrift mit singulärer literarischer Gestaltung und eigenem theologischen Profil dar. Desgleichen sprechen mehrere (JHWH-)Tag-Thematisierungen in jeweils anders gelagerten Zusätzen von Mal 3 – schließlich mit exakter Tag-JHWHs-Begrifflichkeit im Zitat von Joel 3,4b in Mal 3,23b – dafür, daß die Prophetenschrift Maleachi die Abschlußfunktion für das Dodekapropheton besitzt. Darüber hinaus bieten die beiden Nachworte, die Mose-Tora (3,22) und die Elia-Sendung (3,23f.), Assoziationsmöglichkeiten, die über das Dodekapropheton hinaus bis zu Prophetenkanon und Pentateuch reichen (s.u. S.409–411).

3. Literarische Eigenart

Die nur 55 Verse beinhaltende Maleachi-Schrift stellt aufgrund ihrer formalen Gestaltung ein einzigartiges Stück Literatur innerhalb des Alten Testaments dar. Ihre Probleme zu lösen, hat vielfältige Versuche ausgelöst, wie der instruktive Überblick über die Forschung im 19. und 20. Jh. bei KWWeyde, Prophecy, 14–48, zeigt (s. auch u. S.25f.).

Abgesehen von den redaktionellen Größen Überschrift (1,1) und Nachworte (3,22.23f.) sowie verschiedenen Einschüben, Ergänzungen, Fortschreibungen oder Glossen, prägt die ursprünglich fünfmal und in Fortschreibungen zweimal verwendete, im wesentlichen gleich strukturierte Gattung Diskussionswort den gesamten Textbestand (I: 1,2–5; II: 1,6–2,9* mit *1,11–13; III: 2,10–16*; IV: 2,17–3,5*; V: 3,6–12; VI: *3,13–21). Sie gibt keine echten Gespräche wieder, geht auch kaum auf solche zurück, kalkuliert aber zu jeder Aussage von vornherein keine fraglose Hinnahme, sondern Einspruch, trotz oder gerade wegen der häufig verwendeten Formeln göttlichen Gesagtseins. Zwar gibt es auch in anderen Prophetenbüchern und Prophetenschriften von seiten ins Auge gefaßter Adressaten- bzw. Hörerschaften Vorhaltungen und Einwände, die kritischer Erörterung dienstbar gemacht werden; das Diskussionswort beherrscht durchgängig aber einzig die Maleachi-Schrift auf besondere Weise. Bei ähnlichen Fällen prophetischer Auseinandersetzungsliteratur steht meistens am Anfang eine Menschen zuerkannte Behauptung oder These, die gewissermaßen das Thema vorgibt und aus der sich mittels Gegenthese die beabsichtigte Argumentation entwickelt. In Maleachi hingegen weist jedes der Diskussionsworte als erstes regelmäßiges Strukturelement mindestens eine Feststellung auf, die als *göttliche* oder *prophetische Rede* das Thema benennt. Aufgrund des konzipierten, fragend formulierten Widerspruchs der Adressaten darauf wird zur Zurückweisung desselben ein weiteres, die Feststellung entfaltendes und die Aussageabsicht intensivierendes Strukturelement erforderlich.

In Anlehnung an EPfeiffers formgeschichtliche Grundlegung sind jeweils *vier* konstitutive Strukturelemente der Diskussionsworte in Maleachi zu bestimmen: I Feststellung(en), II Einrede(n) bzw. Widerspruch/Widersprüche der Adressaten, III Entfaltung der Feststellung(en), IV Folgerung(en). Außerdem geht mehrmals der Feststellung ein theologischer Vorspruch voraus, der mit der Vaterschaft (1,6a.bα; 2,10a) bzw. Unwandelbarkeit Gottes gegenüber den Seinen (3,6a) sowie in *1,11 mit der kultischen Verehrung des JHWH-Namens überall unter den Fremdvölkern bedeutsame theologische Topoi unmittelbar voranstellt und auf diese Weise die nachfolgende Feststellung sowie ihre Entfaltung weiter verstärkt. Vor allem im Zusammenhang mit IV Folgerung(en) deuten Einschübe und Erweiterungen auf spätere thematische Ergänzungen bzw. Fortschreibungen hin.

Mal 1,2–3,21 gliedert sich wie folgt:

Das I. Diskussionswort (*1,2–5*) schlägt ganz zu Anfang das grundlegende Thema »JHWHs erwiesene Liebe zu Israel« in Ich-Rede Gottes (I; V.2aα) an. Die stilisierte Einrede (II; V.2aβ) hinterfragt das zeit- und situationsbedingt, während die Entfaltung der Feststellung (III; V.2b–4a) eine geschichtstheologische Begründung liefert. Angesichts angespannter Lage macht sie JHWHs souveräne Bevorzugung Jakobs, des Zweitgeborenen von Zwillingsbrüdern, unter Hintansetzung des erstgeborenen Esau (Gen 25,21–28) als Paradigma für Gottes ungebrochene erwählende Liebe zu Juda bei gleichzeitiger Ablehnung von Edom geltend. Denn nach der Katastrophe von 587 v.Chr. und dem Exil ist Juda ein Weiterleben als persische Provinz Jehud im eigenen Land zuteil geworden, während sich Edom über die Endgültigkeit des beginnenden Untergangs täuschen würde. Wohl eine Niederlage 553/52 v.Chr. durch Nabonid (556–539) hat ihn eingeleitet, um durch westwärts drängende arabische Nabatäer in der 1. Hälfte des 5. Jh.s besiegelt zu werden (s. S.XXII.46). Die Folgerungen (IV; V.4b.5) nehmen extreme Bewertungen der Gebiete Edoms und Israels vor und implizieren mit der Relation Volk – Land JHWHs Herrschaft über die Völker (vgl. 3,6–12; 1,11–13.14b).

Aufgrund von Fortschreibungen und Ergänzungen wurde das II. Diskussionswort zur Thematik »Unzureichende JHWH-Verehrung« (*1,6–2,9*) das umfangreichste und zu einem der aufschlußreichsten Beispiele innerbiblischer Schriftauslegung. Auf der Ebene des Endtextes ergibt sich eine dreifache, alle Zeitstufen einbeziehende Anklage gegen die zeitgenössischen Priester des Jerusalemer Tempels: Sie werden in ihrem Fehlverhalten a) einem allgemeingültigen menschlichen Rechtverhalten (V.6a in 1,6–10*), b) einer zukünftig annehmbaren JHWH-Verehrung auch unter den Fremdvölkern (V.11 in 1,11–14*) und c) dem levitisch-priesterlichen Ideal der eigenen geschichtlichen Vergangenheit (V.5f. in 2,4b–8*) entgegengesetzt.

Die analytisch zu erschließende *Grundform* (s.u. S.77–79) weist wie das letzte ursprüngliche Diskussionswort (3,6–12) zwei formale Besonderheiten auf. Zum einen beklagt ein theologischer Vorspruch (0; 1,6a.bα) die mangelnde Verehrung Gottes; zum anderen erhöht und nuanciert die Verdoppelung der Feststellung(en) ($I^{1.2}$; 1,6b [3. Langzeile].7aα) und Einrede(n) ($II^{1.2}$; 1,6b [4. Langzeile].7aβ), die jeweils allgemein/konkret gestaffelt sind, die Vitalität der vorgestellten Diskussion. Unterschiedlich ist, daß in 3,6–12 die kultischen Beeinträchtigungen dem *ganzen* Volk (3,9b), hier jedoch den zeitgenössischen Priestern als »Erstverantwortlichen« (GHabets, Vorbild, 9) *innerhalb* des ganzen Volks (2,9aβ) zur Last gelegt werden. Die allgemeine Feststellung (I^1; 1,6b [3. Langzeile]) erklärt die Priester zu Verächtern des göttlichen Namens, was die allgemeine Einrede (II^1; 1,6b [4. Langzeile]) in Frage stellt. Die konkrete Feststellung (I^2; 1,7aα) wirft ihnen daraufhin verabscheuungswürdiges Bestücken des Brandopferaltars vor, wovon wiederum die Einrede (II^2; 1,7aβ) nichts zu wissen vorgibt. Mit der Entfaltung der Feststellungen (III; 1,7b.8a) werden die Anschuldigungen präzisiert, die Priesterschaft habe – entgegen ihrer Bestimmung nach Dtn 15,21; 17,1 (Lev 22,20–25) – schadhafte Opfer akzeptiert. Schließlich fallen die Folgerungen (IV; 2,1.9a) mit einem Verachtetwerden als Gericht für Verächter des göttlichen Namens völlig adäquat aus.

Die mehrmaligen *Erweiterungen*, die die Folgerungen (IV; 2,1.9a) zerdehnten, bekunden starkes kritisches Interesse an der Priesterschaft zu Zeiten der Provinz Jehud, speziell in Jerusalem. Als stilistisches Mittel, die Zusätze abzugrenzen und zu integrieren sowie Beziehungsbögen zu spannen, dienen in 1,6–2,9 nicht weniger als zehnmal gesetzte Inklusionen (s.u. S.79f.). Zunächst wird *1,8b–10* mit abschließendem ironischen Wunschsatz eingebunden, das Tempelareal samt Brandopferaltar lieber gleich zu schließen (V.10a), wenn es seinem eigentlichen Sinn und Zweck nicht mehr gerecht wird. 1,6–10 zusammen bildeten die Vorlage für den wirkungsgeschichtlich bedeutsamen, der Gattung Diskussionswort nachgebildeten Einschub *1,11–13* (vgl. FHorst: HAT I/14, 267; s.u. S.81). Dabei dürfte die Ironie von V.10 bewußt oder unbewußt außer acht gelassen und V.10a als überleitende reale Aussage verstanden worden sein: Wenn der erst 515 eingeweihte Zweite Tempel tatsächlich geschlossen werden würde, erschiene ein reiner Opfergabendienst für JHWH auf der ganzen Erde (V.11) als sinnvoll und wünschenswert. Eine solche Konzeption, die kontextbedingt Jerusalem ausnimmt, paßt allerdings kaum zum sonstigen Insistieren auf kultische bzw. priesterliche Sorgfalt in Juda/Jerusalem. Alle vier Haupterklärungsweisen des Völkeropfers (V.11) – allgemeine Verehrung eines höchsten Gottes auch durch die Fremdvölker oder JHWH-Verehrung durch die Proselyten oder die Diasporajuden oder die im Eschaton zu JHWH bekehrten Angehörigen der Fremdvölker – lassen Fragen offen (s.u. S.130–133). Jedoch scheint der allem Anschein nach absichtlich mehrdeutige Vorspruch (0; V.11) im Kontext mit dem nachträglichen, etwas Neues beibringenden Zusatz *1,14* zu besagen, daß *JHWH* das ewige Königtum über alle Welt innehat und deshalb überall kultische Verehrung zu erhalten hat und schließlich bekommen wird – ohne Frage auch wieder in Jerusalem, wie die abermalige Fortschreibung in 3,3f. in Aussicht stellt.

In 2,1–9 wurden die zum ursprünglichen Diskussionswort zählenden (Teil-)Verse 1 und 9a auseinandergerückt, zunächst durch einen zusammengesetzten Einschub (*2,2–4a*) zur konditionalisierten Verfluchung der Priester (V.2) einschließlich ihres Dienstes und der Feste (V.3a). Eine Erkenntnisaussage (V.4a) leitet zu einer weiteren hinzugefügten, dem Levi-Bund gewidmeten Passage (*2,4b–6.8*) über, in die *2,7* – der levitische Priester als »der JHWH-Bote« – meisterhaft eingebunden worden ist. Die beiden Nominalsätze in *2,9b* dienen abschließend einem verklammernden begründenden Rückbezug.

Da im III. Diskussionswort zur Thematik »JHWHs Widerwillen gegen Treulosigkeit« (*2,10–16*) verstehensrelevante Stellen textlich unsicher sind, ergibt sich ein weiter Spielraum für Vermutungen. Jedoch vermag eine an Art und Verwendung des Diskussionsworts orientierte formgeschichtliche Herangehensweise die zugrundeliegenden Strukturen auszumachen und den Spielraum einzugrenzen.

Im vorliegenden Text folgt auf den Vorspruch (0; V.10a) mit der wie selbstverständlich vorausgesetzten Vaterschaft Gottes für alle Judäerinnen und Judäer und der Feststellung (I; V.10b) in Gestalt einer Selbstbeschuldigung, treulos aneinander – d.h. judäische Männer an ihrer judäischen Ehefrau – zu handeln und damit den Bund der Väter zu entweihen, erst in V.14a die Einrede (II). Dieser Einrede wird mit der Entfaltung der Feststellung (III; V.14b) begegnet. Den sich anschließenden Folgerungen (IV; V.15f.) läßt sich soviel entnehmen, daß die angeprangerte Treulosigkeit in unrechtmäßiger Verstoßung (Scheidung) der Ehefrau gipfelte, vielleicht wegen nicht erlangter Nachkommenschaft (V.15). Bewertet wird das Ganze als schwere, von Gott verabscheute Gewalttat (V.16aβ). Zur *Grundform* gehören somit V.10.14–16.

In *2,11–13* sind *Erweiterungen* über markante Stichwortverbindungen (בגד [»treulos handeln«] V.11a : V.10bα; חלל [»entweihen«] V.11b : V.10bβ) bei grammatischer und sachlicher Diskrepanz – Juda als neues Subjekt, einmal 3fsg für Land, einmal 3msg für Volk – als neue Entfaltung der Feststellung (III'; V.11) mit Folgerungen (IV'; V.12f.) eingefügt worden. Aller Wahrscheinlichkeit nach geht es dabei das einzige Mal innerhalb der Schriftpropheten um Mischehen als eine andere Form von Treulosigkeit. Zwar gehörten auch sie in den Bereich des Eherechts, aber im Unterschied zur Grundform, wo Treulosigkeit in ungerechtfertigtem *Scheiden* von Ehen gipfelt, läuft die vorgeworfene Treulosigkeit in 2,11–13 auf unstatthaftes *Schließen* von Ehen hinaus. Ein stringenter Zusammenhang zwischen dem ehemals einzigen, jetzt zweiten (V.13aα), und dem nachmaligen, jetzt ersten, treulosen Vergehen ist nicht zu erkennen, ausgenommen daß nun beide über V.13 als Scharnier verbundenen Eheverfehlungen als Entweihen des Bundes der Väter (V.10bβ) gezählt werden.

Das IV. – »Der Gott des Rechts wird erscheinen« zu betitelnde – Diskussionswort (*2,17–3,5*) hat zwei Nachbildungen ausgelöst, das thematisch verwandte VI. Diskussionswort (3,13–21) und auf andere Weise das 2. Nachwort (3,23f.). Zum ersten Mal in Maleachi wird in 2,17–3,5 das Problem, das die im Gottesvolk Prosperierenden für die JHWH-Fürchtigen darstellten, thematisiert und zu lösen versucht. Die wieder im Bereich der Folgerungen (IV; V.1a.5) durch einen Einschub erweiterte *Grundform* (*2,17; 3,1a.5*) nimmt – anders als dann in 3,13–21 – das eschatologische Geschick vorrangig der als Übeltäter Klassifizierten in den Blick. Nach Feststellung (I; 2,17aα) und Einrede (II; 2,17aβ) unterstellt die Entfaltung der Feststellung (III; 2,17b), daß sich das anstößige Wohlergehen göttlicher Zustimmung verdanke, oder fragt direkt, wo denn der Gott des Rechts sei. Die Antwort erfolgt in der Ich-Rede Gottes unter Aufnahme des entscheidenden Stichworts משפט (»Recht«; V.5). Das angekündigte endzeitliche Recht-Schaffen Gottes wird erstmals in zwei Phasen zerlegt, in das zugesagte eigene Kommen Gottes zum Recht für die Adressaten, das sich im Gericht an ihren Gegnern verwirklichen wird (V.5), und in die vorhergehende göttliche Sendung eines namenlos gelassenen Wegbereiters (mal'ākî [»meinen Boten«]; V.1a). Das bedeutet eine erste Verzögerung des eschatologischen Vorgangs. Durch den *Einschub* dreier aufeinander bezogener Textstücke (*3,1b.2.3f.*) wird dieser Vorgang weiter ausgedehnt, indem die Aktivitäten der beiden himmlischen Gestalten der Grundform – Gott und sein Bote (V.1a) neu als »der Herr« und »der Bundesbote« benannt (V.1b) – zuvor stattfinden müssen. Dem Vorläufer/Wegbereiter gleich Bundesboten (vgl. Ex 23,23; 32,34; 33,2f.) fällt dabei die Läuterung der Leviten gleich Priester zu, damit sie wohlgefälligen eschatologischen Opferkult in Juda/Jerusalem ausüben können (V.3f.).

Ohne Erweiterungen kommt das V. Diskussionswort (*3,6–12*) zu »JHWHs Unwandelbarkeit und Israel als Volk und Land des Wohlgefallens« aus. Darin wie auch in der Ich-Rede Gottes, die unter Verwendung des Jakob-Namens für das Volk als ganzes die Identität und Unwandelbarkeit JHWHs gegenüber Israel bei Land- und Völkerbezug betont, besteht Ähnlichkeit mit 1,2–5. Da in formaler Hinsicht zudem größere Nähe zur Grundform des II. Diskussionswortes (1,6–8a; 2,1.9a) und außerdem inhaltliche Bezüge auf 1,6–2,9.10–16.17–3,5 vorliegen (s.o. S.XIIf. und u. S.298f.), erweist sich das fünfte als Abschluß der ursprünglichen Diskussionsworte mit dem theologischen Generalnenner in der Unwandelbarkeit JHWHs (3,6a). Der 2. Stichos des Vorspruchs (0; V.6) stellt diesem Wesenszug JHWHs (V.6a) die ganz andere Unverändertheit der als »die Jakobsöhne« bezeichneten Israeliten (V.6b) gegenüber, unterstrichen von der scheltenden allgemeinen Feststellung (I¹; V.7aα). Formal einzigartig ist die dann bereits folgende allgemeine Folgerung (IV¹; V.7aβ), die mittels Zitats aus Sach 1,3 eine generelle Umkehrforderung bei göttlicher Umkehrzusage erhebt. Sie liefert das Stichwort »umkehren« (שוב), das die allgemeine Einrede (II¹; V.7b) bestimmt. Die konkrete Feststellung (I²; V.8aα) leitet zum Thema Gott-Berauben über, das – nach der konkreten Einrede (II²; V.8aβ) – als Verkürzung von Zehnt- und Zehntel-Abgabe in der Entfaltung der Feststellung (III; V.8b.9) präzisiert wird. Die konkreten Folgerungen (IV²; V.10–12) verbinden mit der Forderung des unverkürzten Zehnten die Aufforderung zur Gottesprobe (V.10a). Die »Hat JHWH Zebaot gesagt«-Formel nach jeder der diesbezüglichen Aussagen unterstreicht die Außergewöhnlichkeit der hier nahegelegten Gottesprobe durch Menschen und markiert auf diese Weise auch formal einen wirkungsvollen Abschluß von 3,6–12 und 1,2–3,12.

Beim VI. Diskussionswort (*3,13–21*) zum Thema »Gerechtigkeit für alle und jeden« zeigt sich auch im Formalen, daß es sich um eine spätere Fortschreibung handelt, die die in 2,17–3,5 erörterte Problematik nochmals aufgreift und einer grundsätzlicheren Lösung zuführt. Obgleich alle vier Strukturelemente vorkommen, besteht der Unterschied zu allen sonstigen Ausprägungen der Gattung vor allem in einem am Anfang der Folgerungen (IV;

V.16–21) plazierten, singulären Zwischenbericht (V.16f.), der seinerseits Besonderheiten mit sich brachte (s. im folgenden und u. S.345–348).

Feststellung (I; V.13a) und Einrede (II; V.13b), die aggressives menschliches Sich-Bereden gegen Gott vorhalten bzw. in Frage stellen, sind einander chiastisch zugeordnet. Die Entfaltung der Feststellung (III; V.14f.) belegt den Vorwurf, indem sie die Adressaten ›zitiert‹. Ausgehend von der behaupteten Vergeblichkeit des Gott-Dienens, wird eine aktive wie passive Förderung der Übeltäter durch Gott herausfordernd beklagt.

Die Folgerungen (IV; V.16–21) beginnen mit a) dem besagten *Rück- und vorverweisenden Zwischenbericht mit speziellem endzeitlichen Programm* (V.16f.). Zuerst wird vermerkt, was an aufsässigen Reden (V.13–15) das gesamte Diskussionswort ausgelöst habe (V.16a). Dann folgt nachholend, daß JHWH dieses Sich-Bereden schon gleich sowie genau und zugewandt gehört hatte (V.16bα). Als neu scheinen die Adressaten zu erfahren, was als Bestandteil des endzeitlichen Programms auch schon längst in Gang gesetzt worden war, nämlich die Anlage einer Gedenkschrift samt Inhaltsangabe allein zu ihren Gunsten (V.16bβ.17).

Eine Dreifach-Inklusion von V.17 zu V.21 bindet b) die *Entfaltung des speziellen endzeitlichen Programms mit Aufgliederung der alternativen Geschicke* für Frevler und Gerechte (V.18–21) ein. Diese Entfaltung stellt mit V.18 eine überschriftartige Grundunterscheidung zwischen Gerechtem und Frevler als Entgegnung auf V.14a an den Anfang, während die Verse 19–21 die alternativen endzeitlichen Geschicke von Frevlern und JHWH-Fürchtigen abwechselnd aufgliedern. Das Ergebnis ist, daß der von JHWH eigens hervorgebrachte Tag (V.17aβ.21bα) wie ein selbsttätiges Feuer-/Lichtgeschehen Gerechtigkeit bringen wird, indem er insgesamt und einzeln die Frevler vernichten, die JHWH-Fürchtigen jedoch mit Heil versehen wird. Da zwischen den Versen 14f. und 18–21 eine alternative Parallelstruktur besteht (s. die Übersicht u. S.347) und der Zwischenbericht (V.16f.) dabei vermittelt, sind strukturelle und inhaltliche Einheitlichkeit – wohl außer V.19bγ – gewährleistet.

Die Grundschrift mit den fünf ursprünglichen Diskussionsworten (I: 1,2–5; II: 1,6–8a; 2,1.9a; III: 2,10.14–16; IV: 2,17; 3,1a.5; V: 3,6–12) ist mehrfach ergänzt und mit einer redaktionellen Überschrift (1,1) versehen worden. Für die abschließende Gestalt von Maleachi mit dem zusätzlichen VI. Diskussionswort (3,13–21) und den beiden Nachworten, der Mose-Tora (3,22) und der Elia-Sendung (3,23f.), war zu unterschiedlichen Zeiten 2,17–3,5 besonders wirksam, indem eine grundsätzlichere Lösung des Problems der Gerechtigkeit Gottes in 3,13–21 veranlaßt wurde und die 3,1a.(b–4.)5 strukturell nachgebildete Elia-Sendung (3,23f.) einen letzten Bezug zu 1,1 als »Mein Bote«- bzw. ›Meine Boten‹-Schrift herstellte.

4. Theologisches Denksystem

Häufig wird in Maleachi Gott mit Namen (46mal) und weiteren Bezeichnungen erwähnt (s.u. S.120.232.309), und in 47 der 55 Verse erfolgt Rede Gottes im Ich-Stil. Zusammen mit der literarischen Eigenart und Gestaltung belegt das ein starkes theologisches Interesse, dem wegen des Argumentierens und Begründens ein aufklärerischer Zug innewohnt (vgl. RCDentan, 1119). Zugrunde liegt ein Denksystem, das den nicht nur auf Gott und Israel beschränkten gemeinschaftlichen Lebensvollzug in einem Gabe-Gegengabe-Gefüge verankert sieht, das Maleachi explizit und implizit bestimmt (vgl. RKessler, Theologie, 396–401).

Vorauszusetzen ist eine allgemein altorientalische Sicht von einer aus mehreren Großbereichen bestehenden Welt. Als ihr Zentrum galt oft der Heilige Hügel, in dem sich die beiden angenommenen Weltachsen, die kosmologisch-vertikale und die kosmologisch-horizontale, schneiden (s.u. S.323.325 mit Abb. 2). Für altisraelitische Verhältnisse hat OKeel eine Weltbilddarstellung entworfen, die im Achsenschnittpunkt den Tempel mit dem irdischen Thronsitz JHWHs als Pendant des himmlischen aufweist. Von diesem Zentrum gehen Lebensströme aus (s.u. S.323f. mit Abb. 1). Für das Funktionieren von Welt und Leben erschien ein Beziehungs- und Kommunikationsgefüge zwischen der göttlichen und der menschlichen Seite notwendig, das in wechselseitiger Gaben- und Geschenkkultur bestand. Als *Do ut des* wäre das Ganze mißverstanden, weil die Verursachung und Ermöglichung des Lebens sowie die Gewährung von Gemeinschaft grundsätzliche göttliche Vorgaben sind, auf die von seiten der Menschen lediglich geantwortet werden kann. Dabei sind Hingabe an Gott in materialer und immaterialer Form als Dankerstattung und gemeinschaftsgemäße Verhaltensweisen gefragt (Opfer, Abgaben, Gebete, sonstige Verehrungsformen, das Tun des Rechten u.ä.).

Bereits die literarische Eigenart von Grundschrift wie Erweiterungen belegt *eo ipso* Komplikationen im Kommunikationssystem zwischen der Welt Gottes und der konkreten Adressatenschaft in Juda/Jehud, da alle Feststellungen mit Widerspruch bzw. Einrede der Adressaten konzipiert sind und Entfaltung und Offenlegung der Konsequenzen nötig werden. Die Gattung ist jedoch so ausgelegt, daß der Anstoß zu Verständigung und Ausgleich von göttlicher bzw. prophetischer Seite ausgeht.

Im inhaltlichen Aufbau entspricht dem, daß an erster Stelle *JHWHs Liebe* zu Jakob/Israel thematisiert (1,2aα) und an geschichtlichen Verhältnissen in Kontrast zu Edom erläutert wird, was dann wiederum 3,13–21 individualisierend auf die/den Frevler anwendet. Da zu Beginn des letzten ursprünglichen Diskussionswortes das göttliche Ich Unwandelbarkeit beteuert (3,6a), liegt der Grundschrift, letztlich aber Maleachi insgesamt, mit der Liebe des sich gleichbleibenden Gottes ein theologischer Generalnenner zugrunde. Er bildet die Basis für die angestrebten Problemlösungen und prägt auch die beiden theologischen Vorstellungskomplexe, die mit speziellen Konturen in Vorsprüchen oder sonst ganz am Beginn von originalen Diskussionsworten begegnen: JHWHs Vaterschaft und ברית (»Bund«).

Im Rahmen der Anwendung von *Vater*-Metaphorik auf Gott beteiligen sich die Belege an der Differenzierung Israels als Sohn- bzw. Kindschaftsgröße (s.u. S.99). 2,10a erkennt allen Judäerinnen und Judäern – unabhängig davon, ob Opfer oder Untäter – die eine Vaterschaft (= Schöpfereigenschaft) JHWHs zu und gewinnt daraus ein Argument gegen Treulosigkeit. 1,6 zieht vergleichsweise Priester als unehrerbietige Söhne zur Rechenschaft, während im nachgebildeten VI. Diskussionswort den Gott-Dienenden – im Unterschied zu ihrem Pendant und unter Vermeiden von Vaterbegrifflichkeit (s.u. S.377) – eine rücksichtsvolle Sohnesbehandlung in Aussicht gestellt wird (3,17b).

Mit der ברית, dem *Bund*, Gottes mit Israels Vätern dürfte in 2,10b der Sinaibund einschließlich seiner speziellen eherechtlichen Bestimmungen gemeint sein. Gegen diese verstießen judäische Männer, indem sie ihre judäische Ehefrau treulos behandelten, mit der sie nach Lage der Dinge durch Eheabsprache bzw. -abmachung eine (Ehe-)ברית eingegangen waren (2,14b; s.u. S.220f.). Über die schöpfungs- und bundestheologische Verankerung sind die zwischenmenschlichen Vorgänge Ehe und Ehescheidung, die die Identität Israels berühren, erstmals nicht nur metaphorisch in das kosmologisch-universale Denksystem einbezogen und entsprechend bewertet worden (2,10.14b.16a). Weitere ברית-Vorkommen finden sich darüber hinaus in den Texterweiterungen 2,4b–6.8 zum Levi-Bund mit seinen göttlichen Ausstattungen und 3,1b zum wahrscheinlich levitisch-priesterlich aufzufassenden Bundesboten.

Liebe/Erwählung, Vaterschaft und Bund JHWHs sind Ausdruck eines Beziehungsverhältnisses, das nach den Menschen obliegenden Entsprechungen verlangt, die unabhängig von literarischer Zuordnung im Begriff »(Gottes-)Furcht« Ausdruck (1,6b; 2,5f.; 3,5b.16.20a) finden. Darauf zielt die Tora als göttliche Vorgabe sowohl im kultischen als auch im ethischen Bereich. »Tora« kommt zwar nicht in Grundformen der Diskussionsworte vor, sondern erst in den Erweiterungen zu Levi-Bund und priesterlicher JHWH-Botenschaft (2,6.8.7.9b) sowie in 3,22. Der Sache nach ist die Tora aber impliziert bei der Beanstandung priesterlicher Vernachlässigung von Opferpräzision und JHWH-Verehrung (1,6–8a; 2,1.9a), bei der Verurteilung von Unrecht gegenüber Ehefrauen (2,10.14–16) und von sonstigen, auch sozialethischen Unrechtstaten (2,17; 3,1a.5), bei der als Gott-Berauben getadelten Verkürzung des Zehnten (3,6–12) als das Umkehr

erfordernde Beispiel generellen Abweichens »von meinen Satzun-
gen« (3,7a) sowie bei Mischehe (2,11f.) und Gelübdeübertretung
(1,14). Zurückgegriffen wird nicht nur auf Traditionen und gege-
nenfalls Texte zumindest teilweise dtn/dtr, sondern auch priesterlicher, rechtlicher und weisheitlicher Prägung (s. im einzelnen z.St.,
summarisch KWWeyde, Prophecy, 399) sowie chronistischer Prägung.

Beispiele für dtn/dtr: 1,2a (S.39f.). 5 (S.55); 2,4b–6.8 (S.91.146f.150). 11
(S.195.205.207). 14b–16 (S.231); 3,3b (S.272). 5b (S.284). 7a (S.308). 10a
(S.316). 11 (S.327). 22 (S.417). 23a (S.420); für priesterlich: 1,7 (S.105f.). 11a
(S.127). 12 (S.133f.); 2,4b–6.8 (S.91.146–150). 7 (S.261); 3,1b–4 (S.355). 7a
(S.306). 8b (S.312f.). 10a (S.316). bα (S.320). 14b (S.364). 22b (S.416); für
weisheitlich: 1,4b (S.52). 7b (S.107). 6–8a; 2,1.9a (S.89). 7 (S.86f.). 17 (S.252);
3,12a (S.331). 15a (S.367). 18a (S.379); für chronistisch: 3,22 (S.415).

Die Funktionsweise des Beziehungs- und Kommunikationsgefüges
zwischen Gott und Israel tritt am deutlichsten in 3,6–12 hervor. Es
wird gewissermaßen als ein Geschehen gegenseitigen Beschenkens
vorgestellt, das durch die Tora geregelt erscheint. Als Urheber be-
dient sich der in Maleachi 24mal genannte JHWH Zebaot der von
ihm erschaffenen Weltwirklichkeit in deren kosmischen und universa-
len Dimensionen. Konkret handelt es sich zuerst um die für das Land
lebensnotwendige Feuchtigkeitszufuhr in Form von Niederschlägen
zur rechten Zeit und im richtigen Maß. Daran sind die Großgeschöp-
fe Himmel und Erde (sowie Meer) beteiligt. Wenn sie nicht an der
Realisierung ihrer Bestimmung gehindert werden und Fluch das Ergebnis ist (3,9), entfalten sie lebensfördernde Wirkungen (3,10b.11),
nicht nur auf der kosmologisch-vertikalen Oben/Unten-, sondern
auch auf der kosmologisch-horizontalen Innen/Außen-Ebene. Nach
3,11f. würden nämlich Pflanzenschädlinge als Vertreter der Antiord-
nung ausgegrenzt und verbannt werden, während auf seiten der Men-
schenwelt ein heilvolles Verhalten der Fremdvölker gegenüber Israel
zustande käme. Das alles verlangt jedoch eine ausgewogene Stimmigkeit des gegenseitigen Sich-Versehens mit den die Gemeinschaft be-
fördernden Gaben durch beide Partner. Nach 3,7aβ.8f. fehlte die Ent-
sprechung aber von seiten ganz Israels; in 1,6–2,9 sind es mit der zeitgenössischen Jerusalemer Priesterschaft (1,6–10.12f.; 2,2–4a.8.9a) und
einem Laien (1,14) repräsentative Vertreter der Bevölkerung. Ist jedoch das Opfer mangelhaft, unterbleiben Wohlgefallen und Einla-
dungsvermögen, so daß Gott am Kommen zur Leben wirkenden Gemeinschaft mit seinem Volk gehindert würde (vgl. AMarx, Opferlo-
gik, 136–138.140f.). Auch in 3,6–12 handelt es sich zunächst um materiale Defizite in Form von vermindertem Zehnten. Letztlich aber geht

XIX

es um eine Beeinträchtigung der Gott gebührenden Ehre. Soll das Gesamtgefüge stimmen und die göttliche Zuwendung wieder unvermindert gewonnen werden, müßte Israel von seiner langen Verfehlungsgeschichte umkehren (3,6b.7), was Einsicht und entsprechendes Verhalten (3,7b–10a) erforderte. Andernfalls bliebe es bei der folgenschweren, verhängnisvollen Diskrepanz zwischen gleichbleibender menschlicher Verfehlung und Unwandelbarkeit JHWHs (3,6).

Umkehr wird auch in anderen Fällen für möglich gehalten und angemahnt, in wieder anderen jedoch nicht oder nur indirekt. Grundschrift und Zusätze erkennen all denen keine ausdrückliche Umkehrchance zu, deren Verfehlungstatbestände als geschehen bzw. als irreversibel gelten können: Edom (1,4b), der zeitgenössischen Jerusalemer Priesterschaft (1,6–10.12f.; 2,1–4a.8.9a.b), dem in 1,14 erwähnten Laien, jedem Judäer, der sich an seiner judäischen Ehefrau vergangen oder eine Mischehe geschlossen hat (2,10.14–16.11f.) – und zwar selbst dann, wenn daneben korrektes kultisch-materiales und -immateriales Verhalten zu bescheinigen ist (2,12b.13) –, außerdem dem jeweiligen konkreten Übeltäter (2,17b; 3,5) und den umkehrresistenten Frevlern (3,15.18f.21). Sie alle erscheinen als solche, die sich auf ihre Weise nicht oder nicht angemessen an der Gabenkultur beteiligt bzw. sie zu verhindern gesucht oder unmittelbar gestört haben. Infolgedessen sind sie aus dieser Leben bedeutenden Gemeinschaft ausgeschieden oder würden ausgeschieden werden. Aufgrund des literarisch-theologischen Konzepts von Maleachi eignet jedoch diesen Negativbeispielen (und 3,23f.) ein indirekter und in 2,15b.16b; 3,22 ein direkter Mahncharakter, dem Folge zu leisten wäre, bevor es zu spät ist.

Die bereits in den ursprünglichen Diskussionsworten I, IV und V wahrzunehmende *Eschatologisierung* wurde durch Erweiterungen, Fortschreibungen und redaktionelle Zusätze verstärkt.

Da in Maleachi starke Veränderungen durch das für die Zukunft angekündigte Handeln Gottes ins Auge gefaßt werden, die jedoch noch nicht völlig den Rahmen geschichtlich bekannter Wirklichkeit sprengen und somit noch keine neue Welt voraussetzen, handelt es sich um eschatologische, bestenfalls apokalyptiknahe Vorstellungen (s.u. S.356.396). In ihnen kommt eine Art Naherwartung zum Zuge, insofern die angefochtenen Adressaten das für sie heilvolle Handeln noch mit eigenen Augen sehen würden (1,5; 3,5.10–12; vgl. V.18.23f.), obgleich die in *M* einzigartige Vorstellung vom wegbereitenden Vorläuferboten vor Gottes eigenem Kommen (3,1a.5) schon auf einen Zeitverzug hindeutet. Ergänzer bauten – JHWH-Tag-Konzeptionen aufnehmend (s.u. S.355f.) – die Zweiphasigkeit des Endgeschehens weiter aus (3,1b–4; vgl. V.23f.), ohne das Plötzliche eines vorzeitigen göttlichen Kommens auszuschließen (3,1bα). Sie schufen mit 3,13–21 ein Konzept zur endgültigen Lösung der Problematik Gerechter – Frevler mit-

XX

tels Gedenkschrift (V.16b) zum Heil der einen als »persönliches Eigentum« Gottes (V.17a.20.21aα) und zur Vernichtung der anderen (V.19.21a).

Ganz unmittelbar betrifft die Läuterung der Leviten-Priesterschaft in 3,3f. die Stimmigkeit des Kommunikationssystems im Eschaton. Noch darüber hinaus scheint die vieldeutige Formulierung von 1,11 zu gehen. Falls die JHWH in seinem Namen überall unter den Fremdvölkern dargebrachte, annehmbare Opfergabe meint, die Fremdvölkerwelt könne und würde sich an dem Israel gewährten Gemeinschafts- und Lebensgefüge mit JHWH beteiligen, müßte sie die Königsherrschaft JHWHs doch wohl zuvor, spätestens am Ende der Tage, anerkannt haben. Zwar liegt kein unmittelbarer Zusammenhang zwischen 1,11 und den göttlicherseits zu veranlassenden *Botensendungen* vor, aber als Bestandteil der Endgestalt der Maleachi-Schrift verkörpert diese beispiellose Sicht – in Kontrast zu »Edom« (1,2–5) – das Bewußtsein, daß die Fremdvölker als zu integrierender Teil des funktionierenden impliziten und expliziten Gemeinschafts- und Kommunikationssystem nicht fehlen werden.

Ebenfalls erst am Ende der Tage wird sich das vermeintliche Defizit an Gemeinschaftsgemäßheit auflösen, das im IV. ursprünglichen und dem ihm nachgebildeten VI. Diskussionswort *Gott* zur Last gelegt wird. Er habe seinerseits die Gegengaben nicht gewährt, die auf das Rechtverhalten (3,14) der als gemeinschaftsgemäß/gerecht Qualifizierten (vgl. 3,16.18a.20a) unter den gegebenen Verhältnissen zu erwarten gewesen wären. Statt dessen würden im Gegenteil Übeltätern unverdient JHWHs Wohlwollen (2,17bα) bzw. Freveltätern sogar seine aktive und seine passiv zulassende Förderung (3,15) zuteil. Als defizitär werden nicht die bei ganzer Zehnten-Entrichtung Israels versprochene volle materiale und teilweise immateriale Lebensgewährung im kosmologischen Gesamtgefüge von 3,6–12 oder die geschichtlich veranschaulichte Zuwendung JHWHs zu Israel im Umfeld der Fremdvölker befunden. Vielmehr will man das als zustehend aufgefaßte Recht, die Übeltäter angemessen gerichtet zu wissen (2,17bβ; 3,1a.5), und schließlich im JHWH-Tag-Zusammenhang die mit der endgültigen Vernichtung der Frevler und der Rechtfertigung der JHWH-Fürchtigen offenbar werdende Gerechtigkeit Gottes *sehen* (3,18–21). Solange das nicht wahrgenommen werden kann, bleibt das auf Gabe – Gegengabe beruhende Gemeinschafts- und Kommunikationssystem Anlaß zu Anfechtung und immer neuen, letztlich erfolglosen Versuchen, die Theodizee schlüssig zu erklären. Realistischerweise lassen die verschiedenen Anläufe dazu in Maleachi die völlige Stimmigkeit dieses Denksystems erst für das Eschaton erwarten.

5. Verortungen

Für die Grundschrift und wohl auch schon für erste Erweiterungen sind sowohl der *terminus ad quem* als auch der *terminus a quo* zu erschließen. Aufgrund des Nebeneinanders von »Israel« und »Jakob« bzw. »Jakobsöhne« ergibt sich für ersteren vorchronistisch (s.u. S.12). Der letztere kann wegen des Funktionierens des Zweiten Tempels (1,10a; 3,1b.10a) mit *nach* 515 v.Chr. bestimmt werden. Nachlässigkeit bzw. anzunehmender Einsparwille bei der Erfüllung kultischer Verpflichtungen (1,6–2,9; 3,6–12) deuten jedoch auf einen gewissen zeitlichen Abstand von der Tempelweihe und auf eine Verschlechterung der wirtschaftlichen Situation im Verlauf des 5. Jh.s hin.

Die angespannten ökonomischen Verhältnisse, die Hag 1,5–7.9–11; 2,3.15–19 belegen, wurden durch das doppelte Besteuerungssystem in persischer Zeit, das staatlich-achämenidische und das lokal-kultische, sowie durch agrarische Katastrophen (auch Mal 3,9a.10b.11) weiter zugespitzt. Die Abgabenlast aufzubringen, überbeanspruchte die im Grunde auf Landwirtschaft und Handel beruhende materielle Leistungsfähigkeit Jehuds, zumal eigene Edelmetallvorkommen fehlten. Das für die Steuerzahlungen erforderliche Silber mußte über den Fernhandel beschafft und mittels agrarischem Mehrprodukt beglichen werden (s.u. S.271.299f.). Ein Zunehmen unrechtmäßiger Bereicherungsarten – Unterdrückung, Falschschwur (3,5); vermutlich Gewinnstreben bei Priestern (2,9b) und anderen an Opfer und Zehntem Sparenden (1,14a; 3,6–12) – war allem Anschein nach gesellschaftlich mitbedingt. Enttäuschung, Resignation und Aufbegehren gegen JHWH machten sich angesichts dieser Lage, des Wohlergehens von Rücksichtslosen (2,17b; vgl. 3,15) sowie des Ausbleibens der Erfüllung von Heilsansagen Haggais und Protosacharjas breit (Hag 2,6–9; vgl. V.21f.; Sach 1,8–17; 4,1–6aα.10b–14; 6,1–8; 8,9–13). Allerdings scheint die wirtschaftliche Situation noch nicht so desaströs gewesen zu sein, wie sie etwas später Neh 5,1–13 schildert (vgl. u. S.299).

Die Nachwirkungen der Niederlage, die Edom vermutlich 553/52 v.Chr. während eines Feldzugs der Arabien-Unternehmung Nabonids (556–539) erlitt, sind ambivalent. Zwar verließen die Edomiter aufgrund von Infiltration durch westwärts drängende Nabatäer ihr angestammtes Gebiet, wichen in den Negev aus und gingen allmählich in den Nabatäern auf. Aber aus dieser Verbindung heraus konstituierte sich südlich von Jehud Anfang des 4. Jh.s Idumäa, das sich als Bedrohung für Juda erwies (s.u. S.46). Etwa Mitte des 5. Jh.s dürfte Mal 1,4a Edoms ›Untergang‹ als unwiderrufliche Verwerfung durch JHWH postuliert haben. Die Erwähnung eines Statthalters (1,8b) innerhalb der ersten Fortschreibung von 1,6–8a bietet zwar keinen sicheren Anhaltspunkt dafür, wie die Fragen definitiv zu beantworten sind, ab wann die persische Provinz Jehud bestand und wie sie verfaßt war (vgl. u. S.115–117). Aber das Vorkommen des Wortes für »Statthalter« in Keilschrift auf der ins Jahr 486 v.Chr. datierten babylonischen Tontafel BM 74554 scheint wie Mal 1,8b auf das Vorhandensein von Statthaltern in Jehud schon *vor* Nehemia hinzuweisen, wie es auch aus Neh 5,15 hervorgeht. Da auch die Behandlung der Mischehenfrage im Zusatz 2,11–13 *vor* Esra/Nehemia zu verorten sein dürfte (zu den Gründen s.u. S.195–197), deutet für die vielleicht schon mit einer redaktionellen Überschrift versehene *Grundschrift* alles auf eine Entstehungszeit in der 1. Hälfte des 5. Jh.s hin. Sprachliche Gründe und sachliche Berührungen mit Prov 1–9 (vgl. CVCamp, Wisdom, 237) sprechen ebenfalls für diesen Zeitraum (vgl. insbesondere AEHill, Book of Malachi, 132f.; Ders.: AncB 25D, 82–84).

Trotz Unsicherheit im einzelnen sind für die *Einschübe, Erweiterungen, Ergänzungen* bzw. *Fortschreibungen* 3,1b–4.13–21; 1,11–13.14b; 3,22.23f. lediglich viel spätere Einordnungen wahrscheinlich. Da der dreiteilige Einschub 3,1b.2.3f. sowohl das fortgeschriebene II. Diskussionswort (noch ohne 1,11–13.14b) als auch wegen der Bezugnahme auf Joel 2,11b in Mal 3,2a die Joel-Schrift voraussetzt, wird für 3,1b–4 eine Zeit wohl um die Mitte des 4. Jh.s anzunehmen sein. Die Fortschreibung von 2,17–3,5 in 3,13–21 verschafft der Maleachi-Schrift – nach 3,6–12 und noch ohne beide Nachworte (3,22.23f.) – einen doppelten Abschluß. Mit der sachlichen und begrifflichen Präzisierung und Individualisierung der Problematik Gerechter – Frevler samt eventueller Bezugnahme auf Sach 14,6–8 paßt 3,13–21 am ehesten in eine Zeitspanne vom Ende des 4. bis gegen Mitte des 3. Jh.s (vgl. u. S.356). Daß Mal 1,11 in einen thematisch-sachlichen Zusammenhang mit Zeph 2,11 und Jes 19,18–25 gehört, hat HIrsigler, Zefanja, 277–280 (etwa zeitgleich wie u. S.129f.), vertreten, jedoch bei anderer Reihenfolge der traditionsgeschichtlichen Entwicklung. Akzeptiert man im Grundsatz seine Datierung von Zeph 2,11 in »die späte Perserzeit (des späten 5. oder wahrscheinlicher schon des 4. Jhs. v.Chr.)« (ebd., 279) und hält an der u. S.130 vorgenommenen Begründung des traditionsgeschichtlichen Wegs von Zeph 2,11 sowohl hin zu Jes 19,16–25 als auch hin zum allgemeiner formulierten, mit den wenigsten begrifflichen Festlegungen versehenen und deshalb überaus deutungsfähigen Spitzensatz Mal 1,11 fest, ergibt sich für 1,11 wohl eine Datierung gegen Ende der Perserzeit. Als späteste Bestandteile der jetzigen Maleachi-Schrift gehören die beiden Nachworte 3,22.23f. vermutlich in den literarischen Vorgang, das Zwölfprophetenbuch abzuschließen. Dank ihres Assoziationsvermögens werden die Nachworte noch dem Abschluß des hebräischen Schriftprophetenkanons und darüber hinaus dienstbar geworden sein. Für sie kommt als ungefährer Zeitraum vielleicht die zweite Hälfte des 3. Jh.s in Frage; 3,22 ist wohl etwas jünger als das wenig frühere Nachwort V.23f. (s.u. S.408.410f.).

6. Wirkungsgeschichtliche Aspekte

Von Maleachi-Stellen sind starke Wirkungen ausgegangen, die bereits inneralttestamentlich, in der zwischentestamentlichen Literatur und in Qumran, neutestamentlich und rabbinisch sowie bei Kirchenvätern und darüber hinaus wahrzunehmen sind und die eine Rezeptionsgeschichte detailliert zu erfassen hätte. Hier können die wichtigsten theologischen Begriffe bzw. Bezeichnungen oder Themen nur angedeutet werden, von denen Wirkungen insbesondere auf die beiden biblischen Religionen Judentum und Christentum ausgingen.

Inneralttestamentliche Wirkungen haben vor allem die Stellen der Grundschrift freigesetzt, die zu Aus- oder Neudeutungen des Textes in Gestalt von Erweiterungen, Fortschreibungen, Glossen u.ä. geführt haben. In dieser Hinsicht ragt 3,1a mit der Erwähnung von מלאכי (»mein Bote«) heraus, weil mit 3,1b–4; 1,1; 2,7; 3,23f. bereits in Maleachi selbst mehrere Deutungs- und Identifizierungsversuche vorliegen, die vor allem in der Schriftauslegung bis in die Gegenwart nachwirken. Erwähnt sei ferner die Anwendung der ברית-Begrifflichkeit auf die reale *Ehe* samt Folgen für die Bewertung von *Ehescheidung* (2,10.14b.16a).

Von allen die breiteste Wirkung hat das zugesagte Wiederkommen des Propheten *Elia* als Vorläufer zunächst für das eigene endzeitliche Erscheinen Gottes (3,23a.24; vgl. V.1a.5) entfaltet. Sehr bald wurde es auch mit dem Kommen des Tages JHWHs verbunden (3,23b; vgl. u. S.407f.421). Einflüsse, die von dieser dem Sterben enthobenen Elia-Figur ausgingen, lassen sich bereits in den hebräischen Sirach-Fragmenten wahrnehmen (Sir[B] 48,1–15). Vor allem ranken sich um Elias ausgleichschaffende Tätigkeit am Ende der Tage (Mal 3,24a) schon in der antiken Wirkungsgeschichte zahlreiche Deutungsversuche, die in Sir[B] 48,10 ihren Anfang nahmen, über *G*, zwischentestamentliche und Qumran-Texte, neutestamentliche Bezugnahmen und rabbinische Beispiele im Grunde bis heute andauern. Elia als Vorläufer des Messias taucht jedoch erst und bislang am frühesten nachweisbar im Neuen Testament auf (Mk 9,11–13; vgl. u. S.425f.).

Außer mit 3,1a.23f. wird die Maleachi-Schrift im Neuen Testament nur noch mit 1,2f. in Röm 9,13 direkt zitiert. Das ist bedeutsam, weil der ganz am Anfang von Maleachi proklamierte, menschlicherseits durch nichts bedingte *göttliche Liebeserweis gegenüber Israel* damit aus-

drücklich für die Christenheit gesamtbiblisch beansprucht wird und
zugleich Grundlage für Israels bleibende Erwählung dank der unbe-
reubaren Gnadengaben Gottes (Röm 11,29) ist. Ferner regt die wörtli-
che und übertragene Bedeutung von »Edom« in der frühjüdischen Literatur die Feststellung an, daß Israel- und Judenfeindschaft zu jeder
Zeit grund- und bodenlos bleibt.

Vor allem im Rahmen eines christlichen Selbstverständnisses, das
eine in der Regel nicht-ethnisch definierte Gottesvolk zu sein, hat die
Auslegungs- und Rezeptionsgeschichte wiederholt übertragenen Gebrauch von Mal 1,11 als Beleg für ein *Gott in aller Welt angenehmes ver-
geistlichtes Opfer* gemacht. Ein wirklicher Anhaltspunkt findet sich
dafür im Neuen Testament zwar nicht; aber bereits innerhalb der
frühen Christenheit des 2. Jh.s wurde die im sonntäglichen Gottes-
dienst vollzogene Eucharistie als »reines Opfer« verstanden, wie bei-
spielsweise aus Did 14,1–3 hervorgeht. Fast anderthalb Jahrtausende
später erfuhr Mal 1,11 dann eine besonders markante, konfessions-
spezifische Verwendung, als während der 3. Periode des Konzils von
Trient unter dem 17.09.1562 die »reine Opfergabe« dem katholischen
Meßopfer als biblische Begründung zu dienen hatte.

Im Kontext von 1,11–13 begegnet mit dem *Tisch des Herrn* (V.12) eine weitere Größe, die innerhalb der Christentumsgeschichte eine
starke, bis in die architektonische Gestaltung gottesdienstlicher Räu-
me reichende Wirkung entfaltet hat. Der שלחן אדני (»der Tisch des
Herrn«) – in 1,7b auch שלחן יהוה (»der Tisch JHWHs«) genannt (vgl. Ez
44,16; ferner V.7) und beide Male von *G* mit τράπεζα κυρίου (»der
Tisch des Herrn«) übersetzt – meint den Brandopferaltar, nicht den
Schaubrottisch (s.u. S.106). Demgegenüber wird unter derselben Bezeichnung τραπέζης κυρίου (*V: mensae Domini*) in I Kor 10,21 das
Herren- oder Abendmahl mit Christus als Kyrios und Tischherrn verstanden, für das Ausschließlichkeit der Teilnehmenden beansprucht
wurde (vgl. auch I Kor 11,20; CWolff: ThHK VII/2, 56). Für die
christliche Altararchitektur blieb die Tischform als *mensa Domini* der
»Ausgangspunkt und in allen Zeiten ... präsent: ... nach der Reforma-
tion und nach dem Vaticanum II die Regel« (RVolp: RGG[4] 1, 337).

Innerhalb des nachträglichen VI. Diskussionswortes (3,13–21), das
allen Nachdruck auf das persönlich erbrachte und am JHWH-Tag
durch Gottesgemeinschaft und Lebensteilhabe individuell gewürdigte
Gott-Dienen legt, findet die Flügelsonne, die weitreichende altorientalische Vorstellungen aufweist, in *M* nur dieses eine Mal als »*Sonne
(der) Gerechtigkeit*« (V.20a) Erwähnung. In der Alten Kirche wurde
schon früh und oft im Anschluß an Mal 3,20 die Sonne zu einer gän-
gigen Metapher für Christus (MWallraff: RGG[4] 7, 1443). Ihn als die
»*Sonne (der) Gerechtigkeit*« zu deuten, läßt sich bis ins frühe 3. Jh.

zurückverfolgen, während kalender- und frömmigkeitsrelevante (s.u. S.396f.) sowie architektonische und ikonographische Wirkungen christologischer Sonnenmetaphorik bis heute fortwirken. Zwei Beispiele aus der Kunstgeschichte seien zum Abschluß genannt, zum einen Albrecht Dürers Holzschnitt »Auferstandener« von 1510 (RGG⁴ 1, 928, Abb. 3) und zum anderen der sich vor einer Strahlenaureole gleichsam tänzerisch gen Himmel bewegende Christus am barocken, mit Strahlen zudem über dem Trinitätssymbol bekrönten Altar der Stadtkirche St. Wenzel zu Naumburg an der Saale, den Heinrich Schau 1680 fertigstellte (HKeller, Barockaltäre in Mitteldeutschland [1939] 140f. mit Tafel 15, Abb. 38).

Die kosmische Bedeutsamkeit des Handelns Gottes, die in Maleachi zum Ausdruck kommt, schlägt sich auf vielerlei Weise in der Wirkungsgeschichte nieder.

Kommentar